TRIDUUM

EN L'HONNEUR DU BIENHEUREUX J.-B. DE LA SALLE.

FÊTES DU TRIDUUM

EN L'HONNEUR

DU

BIENHEUREUX J.-B. DE LA SALLE

PRÉSIDÉES PAR

MONSEIGNEUR CŒURET, ÉVÊQUE D'AGEN

LES 22, 23, 24 FÉVRIER 1889.

Se vend au profit de l'Ecole des Frères d'Aiguillon.

AGEN

IMPRIMERIE ET LITHOGRAPHIE Vᵉ LAMY

1889

TRIDUUM

EN L'HONNEUR DU BIENHEUREUX J.-B. DE LA SALLE

Depuis le 19 février **1888**, date mémorable de la béatification de J. B. de La Salle, le monde catholique n'a cessé de tressaillir comme sous un courant magnétique d'enthousiasme et de foi.

La France est debout la première, entonnant des chants de prière et de triomphe; chants glorieux qui, depuis un an, durent toujours.

Certes, dans ce concert universel, la ville d'Aiguillon ne devait pas être la dernière : Le passé oblige ; et nul n'ignore la splendeur et la majesté de ses fêtes religieuses.

L'étranger qui passe sous ses murs, la salue et l'admire, en la voyant fièrement assise, comme sur un piédestal, au-dessus d'une plaine féconde ; et cependant, autre chose est plus digne d'admiration : c'est son perpétuel dévouement à toutes les saintes causes. Dans tous les temps, l'Armée et l'Eglise ont vu ses enfants prêts à tous les sacrifices, pour la patrie et pour l'autel. Aussi, l'œuvre de J. B. de la Salle sut-elle y trouver, à son heure, plusieurs disciples qui, par leur abnégation, leurs vertus et leur science contribuent puissamment, à son développement et à sa gloire. L'un d'eux même, le Frère Justinus (Hubert Bragayrac), directeur, à Paris, du secrétariat de l'Institut, a été délégué à Rome, pour assister aux fêtes de la béatification. Les autres sont :

Le Frère Justinien (Maillé), directeur à Orthez (Basses-Pyrénées);

Le Frère Justin (Amand Bragayrac), sous-directeur du pensionnat J. B. de La Salle, à Bordeaux ;

Le Frère Justinien Dioscore (Borie) Sous-Directeur à l'Ecole Supérieure de la rue Margaux, à Bordeaux ; — éminent professeur de dessin ; — et quelques autres plus jeunes entrés depuis peu de temps dans l'Institut (1).

Frères des écoles chrétiennes, enfants d'Aiguillon, la fête de votre fondateur, c'était aussi, votre fête : Comment, alors vos familles, vos parents, vos amis n'auraient-ils pas rivalisé de zèle, pour donner à la solennité, un éclat plus brillant encore. Nous n'avons qu'un regret, c'est que tous vous n'ayez pu venir, retenus par la maladie ou par le devoir.

*
* *

Un mois avant le **24** février, M. Thézan, curé d'Aiguillon, avait annoncé un *Triduum* de prières. « Mais ce n'est pas, » avait-il ajouté, « un hommage seulement extérieur qu'il faut

---

(1) Nous n'oublierons pas le Frère Jules (Balat), décédé à Saint-Charles (Bordeaux), vivement regretté de tous ceux qui l'ont connu.

préparer ; c'est dans les âmes que doivent se faire les premiers et les meilleurs préparatifs de cette fête. »

Le *Triduum* sera donc précédé d'une neuvaine — chaque soir, à six heures, on récite le chapelet et on adresse des invocations au nouveau Saint. Une foule recueillie s'empresse au pied des autels, fidèle, d'ailleurs, à sa pieuse coutume ; voilà, en effet, plusieurs années que, sur l'initiative de notre zélé pasteur, elle se réunit aux pieds de la statue de N. D. de Lourdes, à l'heure de l'Angelus du soir, heureuse de finir sa journée et de faire bénir son lendemain, dans la douce prière du Rosaire.

Les âmes se préparaient donc, saintement ; mais déjà, aussi, la belle église Saint-Félix commence à être magnifiquement ornée. Le Frère Ildefonse, directeur de l'école, surveille et encourage les travaux. D'innombrables écussons aux armes du Bienheureux, des papes Benoît XIII, Grégoire XVI, Pie IX, Léon XIII, de plusieurs évêques et de plusieurs villes, sont appendus aux murs à toute hauteur et en tous sens ; et de longues oriflammes aux couleurs variées, toujours aux mêmes armes, retombent, gracieusement, du haut des voûtes sur les murailles, et font ressortir mieux, encore, dans toute leur pureté, les grandes lignes architecturales du temple.

Un tableau représentant le Bienheureux, porté au ciel par les Anges, est placé bien au-dessus de la croix du banc d'œuvre, en face de la chaire. Il apparaîtra aux yeux des fidèles dans une transparence lumineuse.

Partout des lustres, des étoiles d'or, des girandoles qui brilleront de mille feux ; tout est prêt ; et le soir du 21, le joyeux son des cloches annonce le commencement de la fête pour le lendemain.

.•.

Les journées du 22 et du 23 seront comme la *veillée* du

grand jour, c'est-à-dire le recueillement, la méditation et l'espérance.

Le **22**, les enfants de l'école des Frères, pendant la messe de huit heures, chantent des cantiques en l'honneur du Saint, il y a de nombreuses communions. — Le soir, après la récitation du chapelet, procession des reliques qui, déjà, sont exposées depuis le matin.

Emouvante cérémonie. Pendant le chant de l'hymne : *Iste confessor*, la sainte relique s'avance portée par quatre enfants de chœur et suivie par les Frères et le clergé. La foule agenouillée sur son passage, lui donne les marques d'une profonde vénération: Puis tout-à-coup, elle se lève et s'ébranle.... Le prêtre, à l'entrée du chœur, lui présente les reliques.

Oui, levez-vous tous, vous qui aimez la jeunesse, qui aimez la France, qui voulez des générations fortes, croyant à Dieu, obéissant à son Eglise; oui, venez tous, aujourd'hui, et revenez, demain, imprimer vos lèvres sur les reliques sacrées; le Saint est assez riche auprès de Dieu pour répondre à toutes vos supplications et pour bénir tous vos enfants.

Et après cet empressement général, après le *Tantum ergo* chanté par les élèves des Frères, le pasteur a élevé la Sainte-Hostie, au milieu d'un nuage d'encens, et la bénédiction du Très Saint-Sacrement est descendue sur les têtes inclinées des adorateurs.

La seconde journée, le **23**, a été semblable à la première, avec une affluence et des communions plus nombreuses que la veille; seulement, le matin à la messe, et le soir, pendant la procession, le baisement des reliques et le salut, les hymnes et les cantiques ont été chantés par les voix fraîches et pures des pensionnaires et des externes du Couvent des Dames de la Croix. Nos sincères félicitations à tous ces jeunes enfants. On comprenait qu'ils s'adressaient au Bienheureux avec toute leur âme ; ils ont réussi, pendant ces deux jours, à communiquer aux assistants, les douces émotions d'une prière harmonieuse.

*
* *

Enfin se lève le grand jour du *Triduum* : chose rare cette année, le soleil sera de la fête. Ses rayons se jouant, déjà, à travers les vitraux, illuminent l'autel des Reliques et dorent dans le sanctuaire, le velours du trône préparé pour Monseigneur.... J'allais dire pour notre père ; cette expression rendrait mieux nos sentiments. N'aimons-nous pas, ne vénérons-nous pas, comme un père, le premier pasteur du diocèse, et Monseigneur lui-même, fidèle à sa devise, ne répond-il pas à tous avec son cœur, surtout à ses chers enfants d'Aiguillon, surtout à leur cher curé qu'il sut, en tout temps, apprécier. Aussi, sa Grandeur est-elle venue, souvent, se reposer de son apostolat, au sein de notre population si chrétienne. Aujourd'hui, en constatant les fruits de vie si abondants dans notre paroisse, elle ne pourra que bénir et louer, encore, le ministère du prêtre qui travaille pour le Seigneur, et qui fait valoir, au centuple, le champ qui lui a été confié.

Donc, la ville d'Aiguillon, fière de son titre d'oasis préférée, possédait, depuis la veille, dans son presbytère, Monseigneur l'Evêque d'Agen. Il était accompagné de ses deux vicaires généraux, MM. Hébrard et Rumeau, protonotaires apostoliques.

A sept heures, Monseigneur fait son entrée dans l'église pour dire la messe de communion générale.

Les sons du grand orgue, graves et majestueux, sont comme l'ouverture de cette journée où la musique religieuse, sous toutes ses formes, élèvera les âmes jusqu'à l'idéal de l'harmonie.

La messe commence : quel recueillement chez tous ces fidèles qui vont recevoir leur Dieu ! quelle muette et contemplative adoration, si bien aidée par l'orgue, qui semble faire descendre des voûtes ou plutôt des nues, mille voix angéliques parlant et comme traduisant, en doux dialogues, les diverses phases d'amour du Saint-Sacrifice.

Quoi d'étonnant ?... Le grand orgue est tenu par M. Bazin, ancien élève du Conservatoire. Il était sur le point de concourir pour le grand prix de Rome, lorsque le premier cri de guerre, en 1870, émut son cœur de Vendéen et le fit accourir comme volontaire sur les champs de bataille. Six mois après il était décoré et nommé officier. Il est, aujourd'hui, capitaine au 11e de ligne et consacre les loisirs de sa vie militaire aux grandes inspirations de la musique. Comme compositeur, l'Etat l'a fait officier d'Académie, et sa Sainteté Léon XIII lui a décerné la croix de saint Grégoire le Grand.

A la tribune, les chanteuses exécutent avec âme, un chœur à deux parties de Dietch ; le beau cantique : *Le Ciel !* duo du R. P. Garin, est ensuite très bien interprété par deux sopranos à la voix expressive et sûre, avec accompagnement du grand orgue.

Pendant ces mélodies et ces chants, plus de cinq cents personnes s'étaient approchées de la Sainte-Table, pour recevoir le pain eucharistique des mains de leur Evêque.

Et maintenant que Dieu est avec vous, ô chrétiens d'Aiguillon, que vos cœurs soient tout à la joie, et chantez, chantez jusqu'au soir, le triomphe du Bienheureux.

A dix heures et demie, grand'messe célébrée par M. le vicaire général Hébrard, avec assistance pontificale. Les prêtres invités sont déjà arrivés en grand nombre ; aussi le défilé qui précède l'entrée de Sa Grandeur est-il des plus imposants. La fanfare des Frères joue, comme entrée triomphale. une grande fantaisie du *Trouvère*, pendant que Monseigneur, en *cappa magna* à l'hermine blanche, s'avance dans le temple, bénissant le peuple et surtout les petits enfants.

L'église est au complet ; le chœur Saint-Félix, composé de cinquante voix mixtes, attaque, avec un ensemble imposant, le *Kyrie* de la Messe royale de Dumont (Edition de Reims et Cambrai). Ce n'est plus le plain-chant avec son rythme monotone et saccadé ; c'est un vrai chant, tantôt lent, doux ; tantôt rapide fort et solennel, en harmonie avec les paroles. Le grand orgue alterne dans le *Kyrie* et le *Gloria*.

A l'offertoire, il semble que l'orgue a doublé sa puissance et la variété de ses jeux.

Le *Credo*, le *Sanctus* et l'*Agnus* ont été magistralement rendus par des chœurs d'hommes et de femmes alternés.

Enfin l'impression a été profonde, quand l'*Oremus pro pontifice nostro Leone*, par le chœur Saint-Félix a éclaté non plus suppliant comme une demande, mais fort comme un droit relevant d'une promesse divine.

La Fanfare a brillamment attaqué pour sortie : *Le Drapeau*, allegro militaire. Jusqu'aux dernières notes, personne n'a quitté le saint-lieu, et en sortant du temple, les fidèles pensaient, déjà, aux joies et aux concerts de la fête du soir.

∴

Dans l'intervalle, une autre cérémonie, bien touchante quoique privée, avait lieu chez les Frères.

A trois heures, le Comité protecteur de l'école est venu chercher Monseigneur qui devait bénir une statue du Bienheureux de La Salle. Les deux vicaires généraux, M. le curé d'Aiguillon, les prêtres qui se trouvaient au presbytère et les membres du conseil de Fabrique ont accompagné Sa Grandeur.

A son entrée, Monseigneur, salué par la musique, gravit les degrés d'un trône qu'on lui a élevé. Les Frères d'Aiguillon et les Frères venus pour la fête prennent place après le clergé, de chaque côté du trône. Parmi eux, le Frère Lucard, visiteur et annaliste de l'Institut ; le Frère Iblasius, directeur du pensionnat de Bordeaux ; les Directeurs de Tonneins, de Casseneuil, de Condom et plusieurs autres Frères qui ont résidé, longtemps, à Aiguillon et y ont laissé un excellent souvenir. En face, sont les élèves à leurs bancs, et en arrière, des parents et des amis qui ont voulu prendre leur part de cette fête de famille.

Quand la musique a cessé, plusieurs jeunes enfants tenant à la main de splendides bouquets, sont venus se placer au devant de l'Evêque. A leur tête, s'avance l'élève François Nebout qui doit adresser, à Sa Grandeur, le compliment de bienvenue.

Le jeune *orateur* de neuf ans est en pleine possession de sa petite personne, il s'incline avec grâce ; son assurance est naturelle, son geste est expressif, sa voix est claire et bien posée, et sa diction est parfaite.

Honneur aux maîtres qui ont formé un tel élève chez lequel « *Le discours n'attend pas le nombre des années !* »

Pendant les cris répétés de : Vive Monseigneur ! les bouquets sont tour à tour déposés aux pieds de Sa Grandeur qui, touchée des sentiments exprimés, adresse ses remerciments aux maîtres et aux élèves, et en termes paternels donne quelques conseils sur la reconnaissance des enfants envers les protecteurs et les bienfaiteurs de l'école. « Oui, » s'est écrié Monseigneur, « en s'imposant s'il le faut, de nouveaux sacrifices, en restant toujours fermes et unis sous l'œil de Dieu et sous la houlette du pasteur qui doit protéger et diriger toute œuvre chrétienne avec l'élite de sa paroisse, c'est-à dire avec tous les bons catholiques, ces bienfaiteurs auront le bonheur et le mérite de conserver et de voir fleurir, toujours davantage, une institution digne de la population d'Aiguillon, digne de la France et digne de Dieu. »

La statue du Bienheureux, travail d'une composition heureuse et d'un goût exquis, était exposée sur un piédestal de fleurs. Monseigneur s'est avancé pour la bénir et a accordé quarante jours d'indulgence à quiconque récitera, devant l'image du Saint, un *Pater* et un *Ave.*

Puis se tournant du côté des enfants: « Allons! et le jour de congé, le voulez-vous ? »

Les cris encore plus forts de: Vive Monseigneur et les nouveaux éclats de la fanfare ont été autant de réponses affirmatives.

La belle statue est destinée à la petite chapelle de l'école.

C'est devant elle que les jeunes élèves iront, chaque jour, remercier et prier le grand libérateur de l'enfance, le premier organisateur de l'école primaire dans le monde (1).

---

(1) Le premier, il a fondé un corps de religieux exclusivement voués à l'enseignement ; le premier il a créé des Ecoles normales d'instituteurs laïques (lui en est-on reconnaissant parmi les ennemis des congréganistes?) le premier il a établi, sous le nom d'écoles dominicales, des cours publics et gratuits de lecture, d'écriture, d'arithmétique, de dessin, de comptabilité, d'architecture ; le premier il a organisé l'enseignement primaire proprement dit. Le Frère Lucard, visiteur à Bordeaaux a fourni, dans divers ouvrages, d'irrécusables témoignages sur la gloire acquise, à cet égard, par le fondateur des Frères des écoles chrétiennes. Enfin, c'est à lui que nous devons le mode simultané d'enseignement qu'on a vainement cherché à remplacer et qui reste, encore, de nos jours, le seul en vigueur dans les écoles primaires.

(Revue catholique de Bordeaux, du 15 mai 1888.)

C'est à ses pieds que les maîtres iront, à son exemple, chercher la force dans le renoncement; car dit. quelque part, Monseigneur de Coutances : « C'est une vérité que la puissance de l'homme se mesure à son renoncement. Quand l'homme, en quelque sorte, sort de chez lui, ce n'est pas le vide qui reste, c'est Dieu qui prend sa place, et c'est, alors, l'heure des grandes choses ! »

.

Pendant la visite à l'école, l'église s'était, déjà, remplie à moitié. Attendre trois heures..... quatre heures... qu'importe ? pourvu qu'on soit à la fête. Bientôt les meilleures places sont occupées ; les sanctuaires des chapelles, les derniers recoins du transept d'où l'on pourra entendre, mais d'où certainement on ne verra rien, sont, à présent, très recherchés. Tout est comble..... et cette multitude si pressée, si compacte, est cependant patiente et silencieuse.

Enfin les cloches sont à toute volée ; six heures sonnent : C'est le moment si ardemment attendu où vont se terminer, avec une magnificence incomparable, les grandes solennités du *Triduum*.

Soudain, les yeux sont aveuglés par d'éblouissantes clartés. De tout côtés, à la fois, s'élancent des jets de flammes ; les murs sont en feu ; les statues elles-mêmes et le portrait du Saint semblent, un instant, prendre vie, sous les rayons mouvants des innombrables lumières.

Puis à cet éblouissement succède une admiration sans égale: Tout ce qu'un véritable goût artistique, inspiré par la foi et la pieuse habitude de parer nos autels, sait et peut inventer de plus riche et de plus délicat, avait été mis en œuvre, pour la décoration des chapelles et du sanctuaire.

Les fleurs, en gerbes d'or, entourent le tabernacle dont la flèche hardie s'élance gracieuse et embrasée.

Est-ce encore la terre?..........

Oui c'est la terre ; mais avec ce reflet du ciel que lui donnent les pompes religieuses.

.
. .

Voilà la tête du défilé qui débouche par la grande porte, avec le suisse et les vingt enfants de chœur, en riche costume ; voilà ensuite de nombreux Frères, trente prêtres, des chanoines, les vicaires généraux, et enfin Monseigneur bénissant encore, bénissant toujours, le long de l'étroit passage, ouvert avec peine, et qui se referme aussitôt.

Il est visible que tout le cortège est saisi d'admiration par cette vision de feu qui, du fond de l'église, est vraiment féerique.

Les sons de la fanfare se déroulent, en flots grandissants, dans le *Lillois*, morceau enlevant et tout de circonstance.

Bientôt, dès que le long cortège aura pris place dans le sanctuaire et le chœur, va commencer la magnifique cantate au Bienheureux (par le Frère Léonce, de Paris).

Les cinquante voix mixtes du chœur Saint-Félix attendent impatientes. Le regard fascinateur de leur chef les enveloppe d'abord, et soudain, les enlève. Ce chef est M. Henri Garrigue, amateur si distingué et si connu qui, depuis tant d'années, consacre son talent, son zèle et ses veilles, à la direction des chants sacrés. Il sait faire partager son dévouement infatigable par ce chœur de chanteurs et de chanteuses dont notre paroisse est si fière. Honneur à lui !

La cantate commence par un récitatif de ténor annonçant dans une mélodie large, la décision de l'Eglise et invitant à l'allégresse. Il est suivi par un chœur à trois voix d'hommes repris, tout à coup, par les quatre parties du chœur général qui se poursuivent, s'entrecroisent, sans jamais se confondre jusqu'au moment ou l'enthousiasme, à son comble, éclate dans le final : *« O noble France, c'est ton fils ! »*

A cette explosion succède un délicieux chant de sopranos exaltant les mérites du Saint ; les seconds dessus accompagnés par les ténors y répondent.

Vient, ensuite, l'invocation au Bienheureux, dialogue entre voix d'hommes et de femmes d'un charme entraînant. Piano et crescendo alternent et s'éteignent, à la fin, dans un pianissimo d'échos lointains.

Un récitatif de basses et de ténors chantant l'humilité, la pauvreté, arrive, peu à peu, à des accords saisissants, en accentuant : *Il les puise au pied de la Croix.*

Enfin, le chœur final : *Gloire à toi !* en quatre parties, a été magnifiquement enlevé et la foule tressaillait, encore, sous l'effet puissant de cette cantate, quand M. l'abbé Lespinasse est apparu pour prononcer le panégyrique.

Nommer l'orateur, c'est annoncer une fête de la chaire.

Analyser son discours serait un crime de lèse-éloquence.

Nous le reproduisons en entier, voulant communiquer à nos lecteurs l'impression profonde produite sur l'auditoire.

Jusqu'à présent, la Fanfare ne s'était fait entendre qu'à l'entrée et à la sortie. On allait enfin apprécier la perfection de ses instrumentistes hors ligne dans : *Les Huguenots,* grande fantaisie en quatre phases distinctes, par Meyerbeër.

Cette fois, c'est M. Daniel Andrieu, le jeune et énergique directeur de la musique des Frères, qui doit recevoir nos éloges. A l'audition d'une exécution si parfaite nul ne s'étonne de la palme et des prix remportés dans tous les concours, et de la médaille d'honneur décernée à son directeur. Les solistes de cette vaillante musique sont : MM. Favarel, sous-directeur, Boissières et Delga.

Avec de pareils éléments, quelle hardiesse dans les attaques, quelle expression dans les chants, quelle délicatesse dans les nuances, quelle justesse dans les plus longues tenues.

Vraiment, on ne peut exprimer que la plus impartiale admiration.

Après la Fanfare, on entend le grand orgue préluder un accompagnement. N'y a t-il pas quelque témérité de vouloir chanter à cette heure, sous ces voûtes encore retentissantes de tant de mâles accords ?...

Une voix seule, cependant, va remplir la grande nef et porter jusqu'au sanctuaire des accents mélodieux et puissants. Entendez-vous ces notes pures et vibrantes sur ce timbre de contralto que vous connaissez bien, mais que vous n'avez jamais entendu aussi sonore que ce soir ? Comprenez-vous combien la cantatrice est à l'aise pour bien dire son hymne au Bienheureux? Aussi, madame Joseph Nebout met-elle en relief toute l'étendue de son talent qui peut choisir richement au registre d'or de sa voix. Ce n'est plus l'accom_ pagnement ordinaire : c'est un accompagnement qui murmure et voltige autour du chant ; qui le poursuit, qui le dépasse, puis revient vite à ses côtés ; harpe, hautbois, flûte, violon sont admirables de brio et, tour à tour, ou tous ensemble, suivent ou entrainent le chant jusqu'au *forte* des dernières notes. Alors l'orgue, comme par courtoisie, arrête, doucement, ses jeux, pour laisser le public bien entendre l'invocation : *O Bienheureux !* lancée plusieurs fois, avec une ampleur et une tenue très remarquées.

L'oraison pour N. S. P. le Pape est redite avec la même énergie que le matin.

L'orgue y répond par une grande composition de Lefébure, avec le chant aux pédales : c'est une œuvre des plus difficiles du maître et qui a été rendue avec une rare perfection.

Un *Tantum ergo* de Lambillotte, chanté avec ensemble et expression par le chœur de Saint-Félix, a préparé les fidèles à recevoir la bénédiction du Très Saint-Sacrement.

Enfin, le bouquet musical a été le cantique : *Nous voulons Dieu*, par toutes les voix à l'unisson, par tous les instruments et par tous les grands jeux de l'orgue.

L'impression est si saisissante que prêtres et fidèles, debout, électrisés, s'unissent aux chanteurs, pour mêler le cri de leur âme, à cette manifestation formidable d'amour, de foi et d'espérance.

C'est une heure inoubliable !

**

Monseigneur, visiblement ému, remonte à son trône et jette sur l'immense auditoire un de ces cris qui expriment une âme de Père et de Pontife. Il remercie ! Et personne n'est oublié.

**

Avant de quitter l'autel, Sa Grandeur, en fixant les yeux sur le tabernacle, a dû entonner cette parole du prophète : « *Voici un jour que le Seigneur a fait, réjouissons-nous dans l'allégresse !* »

Et toute la paroisse a dû répéter : « *Oui réjouissons-nous dans l'allégresse !* » car l'apôtre infatigable qui a préparé ce jour : c'est notre pasteur.

Arthur NEBOUT.

Extrait de la *Semaine Catholique*, n° du 2 mars 1889 :

LES FÊTES D'AIGUILLON.

Rien n'entraine comme l'exemple. Il y a deux mois à peine, Aiguillon apprit qu'Agen glorifiait avec enthousiasme, dans un *Triduum*, le bienheureux de La Salle. A cette nouvelle son amour-propre s'éveilla, il se dit : « Je ferai mieux encore ! » Vous pensez bien qu'elle a tenu parole, la petite cité féodale.

Coquettement assise au milieu de sa fertile plaine, elle voit sans étonnement, comme une princesse, deux nobles rivières baigner ses pieds. De la Garonne elle semble tenir sa riche et franche nature : elle doit son enthousiasme au Lot. Donnez-lui des fêtes : elle les aime, les fêtes religieuses surtout. Le beau et le sacré l'attirent ; elle a la passion du bien. Un homme est là pour entretenir ces heureuses dispositions et les fortifier au besoin ; c'est le pasteur ; cœur d'apôtre et bouche d'or.

Aussi les belles fêtes qu'il a préparées en l'honneur du bienheureux de La Salle ! un *Triduum* comme chez nous. Des deux premiers jours nous ne dirons que peu de chose : nous n'y étions pas. Mais de toutes les bouches nous avons recueilli des détails touchants d'enthousiasme et de piété intime. Chaque matin la foule emplissait l'église ; elle l'emplissait aussi chaque soir, pour assister à la procession des reliques qu'elle venait baiser ensuite avec non moins d'empressement que de vénération.

Mais voici le dimanche : c'est le grand jour, le vrai ; les Aiguillonnais vont nous montrer ce qu'ils savent faire. L'église est splendidement décorée. Aux piliers de la nef, des oriflammes aux armes des Papes, qui ont successivement élevé le bienheureux dans la hiérarchie sainte : Grégoire XVI, Pie IX, Léon XIII. Autour du chœur, aux murs, les armes des villes dans lesquelles s'est répandu l'Institut des Frères des Ecoles Chrétiennes.

Il est sept heures du matin. Monseigneur célèbre la messe et distribue longuement à ce peuple fidèle la sainte communion. Pour que la fatigue ne l'envahît pas, il ne fallait rien moins à Sa Grandeur que cet imposant et consolant spectacle.

A dix heures et demie, grand'messe, chantée par M. Hébrard, vicaire général. Monseigneur préside à son trône. Les hommes emplissent la nef et chantent avec entrain le *Credo* des grandes solennités A cette voix grave et puissante de la foule l'orgue répond par des modulations délicates, comme par des soupirs de joie discrète et tendre qui révèlent dans l'organiste un artiste consommé. On voit qu'il comprend nos fêtes, à la manière dont il les exprime. La religion vient au secours de l'art.

La messe se poursuit au milieu du recueillement et de la prière. Puis Monseigneur traverse l'église encore toute baignée d'encens et toute frémissante. Sous ses pas la foule se presse et s'incline. Il entre au presbytère où l'attend un clergé nombreux.

Il n'y aura pas de vêpres : mais à six heures bénédiction solennelle du Très Saint-Sacrement. La journée s'écoule vite. Dès cinq heures l'église est envahie ; chacun vient garder sa place, et c'est prudent. Une centaine d'hommes se pressent déjà dans une chapelle du transept. La moitié de la nef encore est réservée aux hommes ; elle est bientôt remplie, et c'est à grand peine qu'on peut garder un passage pour Monseigneur et le clergé. Chose étonnante, cette foule est admi-

rablement recueillie. Les Aiguillonnais ont le vif et vrai sentiment des fêtes religieuses. L'ordre chez eux s'allie sans
effort à l'enthousiasme.

Six heures. La jeune fanfare des Frères éclate triomphante.
Précédé de la croix, des enfants de chœur, en camail rouge,
bordé d'hermine blanche, du clergé en surplis, Monseigneur
entouré de ses deux grands vicaires, s'avance en bénissant.
Le spectacle est féérique. Au fond, le sanctuaire resplendit,
enveloppé d'une double étoile de flammes d'or. La nef est
illuminée. En face de la chaire, la figure du bienheureux
rayonne dans une auréole de gloire.

Voici le prédicateur. Par deux fois en huit jours, M. Lespinasse célèbre par sa parole le biengeureux de La Salle.
Mais ici, il ne parle plus, il chante. En face de ces hommes,
de cet auditoire intelligent qui l'anime, l'enthousiasme le
prend, et il s'y abandonne.

Toute œuvre, dit-il, n'est vraiment grande qu'autant
qu'elle s'appuie sur ces deux bases : Dieu et le peuple. Telle
est l'œuvre de Jean-Baptiste de La Sallle. Il est l'envoyé de
Dieu : c'est un homme providentiel ; c'est pour les petits
qu'il travaille : il est le bienfaiteur du peuple.

Homme providentiel ; sa vie le prouve. Sans qu'il s'en
doute d'abord, Dieu le prend, le forme peu à peu, lui ins-
pire cette idée généreuse, qui va devenir une œuvre magnifique. De La Salle va résumer tous les efforts tentés
avant lui ; il va faire prendre corps, donner la vie à ce qui
n'était qu'informe encore. Obstacles, résistances, il passe à
travers tout cela ; Dieu le mène, c'est visible. Mais c'est
aussi dans le but de cette œuvre que la main de Dieu s'a-
perçoit. Le siècle de Louis XIV, avec ses triomphes et ses
grandeurs, est la fin d'un monde qui va s'éteindre. L'avenir
qui se lève, bien des tempêtes l'ébranleront. Trois éléments
nouveaux vont entrer en scène : la science, la liberté politi-

que, la démocratie. A ce peuple qui revendiquera si hautement ses droits, il faut enseigner ses devoirs ; il faut le rendre fort pour les luttes et contre les tentations futures. A la culture de l'esprit, il faut ce contrepoids indispensable, l'éducation du cœur, par la foi. Tel est le rôle providentiel du bienheureux de La Salle et de son immortel Institut.

Mais cet homme, quelle est sa place dans l'histoire ? Ce n'est pas un génie, ce n'est pas un penseur, c'est un bienfaiteur du peuple. Titre banal que peu méritent. Beaucoup se servent du peuple, peu le servent. Mais qu'un homme descende des hauteurs où l'a placé sa naissance ; qu'il **sacrifie** aux petits sa vie, sa fortune, ses ambitions, obscurément, simplement ; qu'il trouve des collaborateurs et les discipline à son œuvre ; qu'il en fasse une armée permanente, un corps qui le continuera, et cela malgré les obstacles et les ennemis : n'est-ce pas là un bienfaiteur du peuple ? L'enfant du travailleur reçoit tous les jours le pain du corps ; qui lui donnera le pain de l'intelligence ? Ce sera l'œuvre de de La Salle. C'est grâce à lui que l'on trouve encore aujourd'hui, malgré les chimères sociales qui les tentent, ces fortes âmes d'ouvriers qui savent attendre, avec patience et calme, du temps et des événements, de justes améliorations à leur sort. Donc gloire à de La Salle. Comme les Génois ont fait pour leur Colomb, coulez en bronze sa statue, placez-la sur un socle de granit, au milieu de la capitale, avec cette simple mais grandiose inscription : « A Jean-Baptiste de La Salle, la patrie ! » Certes il l'a bien mérité, *bene de patria meritus.*

Et de l'âme de l'orateur l'enthousiasme passe à ce moment sur la foule en un frémissement.

Très belle encore la péroraison sur la vitalité chrétienne de la France. Elle est comme autrefois par le monde l'agent de Dieu, *Gesta Dei per Francos* ; la terre classique de tous

les dévouements; son or, son sang, elle répand tout sans
compter. Pourquoi n'aurions-nous plus d'espérance ?

> O France ! ô douce France ! ô ma France bénie,
> Rien n'épuisera donc ta force et ton génie !
> Terre du dévouement, de l'honneur, de la foi,
> Non, il ne faut jamais désespérer de toi !

Grande a été l'impression de cette magistrale éloquence,
aussi, quand après la bénédiction ont éclaté avec accompagnement de fanfare, ces paroles du cantique, chantées par
un chœur de cent hommes : « Nous voulons Dieu ! » n'ont-
elles semblé que l'expression vraie et spontanée des sentiments qu'avait provoqués le discours. La fête terminée,
Monseigneur se lève à son tour. Il n'a qu'à faire parler la
joie de son cœur et sa propre émotion pour laisser tomber
de ses lèvres les sentiments les plus délicats de satisfaction
et de reconnaissance. Il remercie tout le monde avec son
tact ordinaire. Merci à l'organiste habile, à la jeune fanfare,
au pasteur actif et zélé, aux Aiguillonnais si chers à son
cœur ; merci à l'orateur, l'honneur du diocèse et du clergé
agenais, qui peut bien se dérober aujourd'hui, comme il y a
huit jours, aux félicitations de son Evêque, mais qui ne se
dérobera pas à ses bénédictions.

Cette chaude parole a clos définitivement la journée. Nous
l'avons tous emportée, en nous retirant, comme le dernier
bouquet, mais non le moins parfumé de la fête.   R. C.

PANÉGYRIQUE DU BIENHEUREUX J.-B. DE LA SALLE

PRONONCÉ

DANS L'ÉGLISE D'AIGUILLON, LE 24 FÉVRIER 1889.

> *Flaverunt venti et irruerunt in domum*
> *illam et non cecidit : fundata enim*
> *erat super Petram.*

> Les vents ont soufflé et sont venus fondre
> sur cette maison : et elle n'est point
> tombée parce qu'elle était fondée sur
> la pierre.
>
> (MATTH. VII. 25)

MONSEIGNEUR (1),

MES FRÈRES,

C'est une magnifique ovation que vous faites assurément à cet humble héros que l'Église vient de placer sur nos autels : le bienheureux Jean-Baptiste de La Salle. Vous voulez honorer en lui sans aucun doute l'homme modeste qui déserta les honneurs et repoussa du pied la fortune, pour embrasser la pauvreté et la peine ; le saint prêtre dont la vie sévère à lui-même, prodigue aux autres, ne fut qu'une

---

(1) S. G. Monseigneur l'Évêque d'Agen.

longue immolation et une généreuse trame de sacrifices. Mais, nous aurions beau nous en défendre, il y a une préoccupation dont nous ne pouvons nous affranchir ; derrière cet hommage solennel rendu à l'homme et au saint, il y a l'hommage à son œuvre. Jean-Baptiste de La Salle est inséparable de son Institut. On ne saurait l'en isoler. Je dis même que pour nous sa grandeur historique et sa popularité nationale tiennent uniquement à cela. Ses vertus privées ! mon Dieu, sans doute ! nous les admirons et elles sont admirables ; mais elles lui sont communes avec d'autres saints. Ce ne sont pas elles, uniquement du moins, qui sont la source de sa popularité. Son œuvre, à la bonne heure ! cette œuvre hardie et sublime, souvent discutée, secouée, ébranlée même dans les hautes sphères, toujours honorée, aimée, soutenue par l'admiration et la reconnaissance populaires, voilà son meilleur titre au culte pieux que lui rend la France chrétienne. C'est donc, je le sens bien, dans son rôle de fondateur des Frères des Ecoles chrétiennes qu'il faut vous le présenter pour répondre à votre attente.

MONSEIGNEUR,

Partout où l'on a fêté le bienheureux de La Salle dans le diocèse vous êtes accouru avec empressement. Evidemment vous avez avec lui une inclination commune, celle qu'il eut pour les fils du peuple. L'amour des petits est une lettre de change tirée sur eux, qu'ils laissent rarement protester, et qui, vous devez vous en apercevoir, vous est remboursée partout où vous portez vos pas, par leur filiale reconnaissance.

MES FRÈRES,

Toute institution pour être durable ici-bas doit reposer sur deux bases essentielles: Dieu et le peuple. Dieu d'abord :

« *Nisi Dominus ædificaverit domum, in vanum laboraverunt qui ædificant eam.* » « Si Dieu n'édifie la maison, c'est en vain qu'on travaille à la bâtir. » Non! on n'édifie rien de solide sans Dieu, ni à plus forte raison contre Dieu. Mais, en revanche, ce qui repose vraiment sur lui défie toutes les sapes. Dieu d'autre part n'établit rien que pour l'intérêt éternel des âmes. Il n'y a donc que cela de durable : ce qui vient de Dieu et qui sert le peuple. Eh bien ! c'est là toute la raison qui fait grande et solide l'œuvre du bienheureux de La Salle. Aussi vous le montrerai-je ce soir dans ce double rôle d'homme providentiel et de bienfaiteur du peuple. « *Domus non cecidit : fundata enim erat super petram !* »

I.

Ce fut à Reims, la vieille cité champenoise, où avait été baptisée la France chrétienne, que naquit, en 1651, Jean-Baptiste de La Salle. Fils aîné de Louis de La Salle, conseiller au présidial de Reims, l'enfant entrait dans la vie par des sentiers faciles, puisque sa naissance lui assurait une fortune et une honorable carrière. Mais, chrétiennement élevé et incliné par une vocation précoce vers le sacerdoce, il entra dans la cléricature et reçut la tonsure à onze ans. Élève de l'Université de Reims, il s'y fit remarquer par ses heureuses dispositions du chancelier Pierre Dozet, qui, âgé, fatigué, sentant venir la mort, lui résigna son canonicat. Ce n'était pas un vain titre que le canonicat à cette époque, et, si les chanoines de Reims étaient brillamment équipés, puisqu'ils portaient le camail violet et l'aumusse, ils étaient encore mieux rentés.

Chanoine à seize ans, Jean-Baptiste de La Salle soutint à son avantage le périlleux honneur de son élévation prématurée. Distançant les jeunes à l'étude, émule des vieillards à la prière, maître ès-arts à dix-huit ans, il entra en 1670 au séminaire de Saint-Sulpice pour s'y préparer à la fois au doctorat et aux ordres. Il y trouva des maîtres comme M. de Bretonvilliers, M. Tronson, M. Baudrand ; des condisciples comme Jean Claude de Vertrieu, qui devint évêque de Poitiers, Paul Godet des Marais, qui le devint de Chartres, l'immortel Fénelon ; et il sut inspirer à tous une affectueuse estime et une sorte de vénération. Forcé de rentrer à Reims par la mort de son père et de sa mère qui se suivirent de près dans la tombe, ce fut à l'Université de cette ville, qui avait été son berceau intellectuel, qu'il continua ses études théologiques. Il y reçut le bonnet de docteur en 1681. Entre temps il se préparait aux ordres, montait pas à pas les degrés de la hiérarchie sainte, et avait été ordonné prêtre trois ans auparavant par Mgr Le Tellier, archevêque de Reims, fils de l'illustre Michel, loué par Bossuet, et frère du fameux marquis de Louvois.

Jean-Baptiste de La Salle a trente ans, un nom estimé, une fortune brillante pour l'époque, des honneurs enviés dans l'Eglise. Il est parmi ces privilégiés qui regardent la foule d'en haut, et qui peuvent se donner, quand ils sont généreux comme lui, la plus exquise de toutes les joies, celle de faire du bien au déshérités, en prélevant sur leur superflu la dîme des indigents. Ceux à qui le sort bienveillant a attribué un si beau lot ici-bas s'y tiennent. Quelle apparence de voir jamais le jeune et brillant chanoine de Reims, tout pieux qu'il est, se trouver mal à l'aise dans sa fortune heureuse, et rêver pour sa vie un changement qui la puisse bouleverser ? C'est en cela précisément que l'action de la Providence n'en sera que plus éclatante.

II.

Le règne de Louis XIV est en ce temps-là dans toute sa splendeur. C'est la grande époque de Turenne, de Schomberg, de Condé, de Vauban et de Duquesne. A Nimègue le nom royal a reçu une de ces consécrations que ratifie l'histoire. La Cour de Versailles éblouit le monde. La chaire chrétienne avec Mascaron, Bourdaloue, Fléchier, Bossuet ; la magistrature et le barreau avec Michel le Tellier, Pontchartrain, Denys Talon, Olivier Patru ; la philosophie avec Malebranche ; la science avec Dominique Cassini ; la poésie avec le vieux Corneille, le tendre Racine, l'inimitable La Fontaine ; tous les arts où s'épanouit la pensée, l'art d'écrire, de bâtir, de peindre, de sculpter, avec une pléiade inouïe de merveilleux artistes ; tout un faisceau de gloire en un mot entoure le trône de France et l'illumine d'un tel éclat qu'il peut se proclamer lui-même, et sans présomption, le rival du soleil.

Or à ce moment, et loin de ces sphères radieuses, sous l'impulsion d'un mouvement providentiel que nous aurons à rechercher plus tard, une préoccupation bien différente hante plusieurs esprits modestes mais vaillants. Pendant que le monde d'en haut se tourne vers le trône, séduit à son éclat magique, dans un autre monde qui n'est pas le monde inférieur aux yeux de Dieu, quelques-uns se tournent vers le peuple, émus de ses besoins et inquiets de sa foi. Par la voix de ses Conciles, de ses Synodes, de ses Évêques, l'Eglise a recommandé avec de pressantes instances l'éducation chrétienne des fils du peuple. Elle a elle-même multiplié les écoles dans ce but. Mais ce qui frappe de stérilité ses louables efforts, c'est la difficulté de trouver des maîtres ou leur insuffisance. Encore le problème est-il à moitié résolu pour les filles. Ursulines, religieuses de Notre-Dame, filles de Notre-Dame, religieuses de la Visitation, filles de la Croix, sœurs de Saint Joseph, sœurs de l'Union chrétienne, demoiselles de l'Instruction, dames de Saint-Maur, et bien d'autres, sont autant de congrégations enseignantes nées de cette pensée. Mais pour les garçons le problème demeure toujours posé. De saints prêtres, de pieux laïques, sans se connaître, mus uniquement par le sentiment d'un besoin social urgent, travaillent, sur divers points de la France, à le résoudre, et, plus ou moins heureux d'abord dans leurs tentatives, finissent par y échouer. Ce sont: l'abbé Démia à Lyon, le bienheureux Pierre Fourrier, un avocat d'Orléans Pierre Tranchot, François Perdouls à Blois, le P. Barré à Paris, l'évêque de Beauvais Mgr de Buzenval, M. Nyel à Rouen. Et, chose étrange! parmi les généreux initiateurs de cette œuvre capitale, il est un homme que nous y chercherions vainement. Et c'est celui-là même qui seul dans les desseins de Dieu la doit établir avec un durable succès: c'est le chanoine de La Salle.

III.

Comment cette œuvre vient, conduite par la Providence, forcer pour ainsi dire sa porte, contraindre sa sollicitude en dépit de ses répugnances; comment elle gagne un peu de sa sympathie, puis quelque chose de son temps; comment elle envahit bientôt sa maison, son cœur, sa vie, jusqu'à le prendre tout entier, l'arracher à tout le reste, humble solliciteuse de la veille qui sait se faire épouser, tyran jaloux et charmant du lendemain qui ne souffre plus l'ombre d'un partage; il y a là une page merveilleuse d'intervention providentielle que, dans l'impossibilité de l'exposer, il est vraiment dommage de résumer, tant elle est admirable.

Un jour M. Nyel, ce pieux laïque de Rouen dont j'ai déjà parlé, arrive à Reims avec la mission reçue d'une généreuse dame d'y fonder une école. Mis en rapport avec M. de La Salle il reçoit l'hospitalité dans sa maison. L'école se fonde, puis une seconde après la première. Zélé, mais agité, souvent en voyage, M. Nyel confie en son absence la surveillance des maîtres à la bienveillante sollicitude du pieux chanoine. Celui-ci qui a vu d'un œil sympathique assurément

s'établir les écoles, ne porte pourtant à des maîtres gros-
siers et sans culture que l'intérêt obligeant d'un ami de leur
supérieur, et d'un prêtre chargé de la direction de leurs
âmes. Il les visite, les conseille, les dirige, puis au cours de
ses visites remarque des irrégularités qu'une surveillance
plus assidue redresserait et un dénument causé par l'insuffisance de leurs ressources. Il se décide à transporter leur
demeure près de la sienne, afin de leur apporter plus effica-
cement son influence morale et ses secours matériels. Sans
qu'il s'en doute encore, c'est un premier pas !

Il en fait bientôt un second. Charmé des avantages spiri-
tuels qu'ils retirent de sa société, et aussi pour des raisons
d'économie, il les admet tous les jours à sa table. La maison
du chanoine prend un petit air de communauté, à certaines
heures. Il commence à s'attacher à ces hommes, rudes mais
de bonne volonté. Prenez garde, imprudent chanoine, vous
vous laissez envahir !

On le lui dit, mais il commence à ne plus s'en défendre,
et, un beau jour, prend tout à fait les maîtres dans sa maison. C'est tout à fait une communauté: on y vit de règle, de
prières, de pieuses exhortations, de fortifiantes lectures.

M. de La Salle ne peut se dissimuler cependant ce jour-là
la gravité de la détermination qu'il a prise, et il commence
à regarder où elle le mènera. Mais il est de ces vaillants qui,
ayant mûri leurs desseins, les poursuivent tête baissée. Il
commence à voir la beauté de cette idée: grouper des hommes désintéressés qui, sans poursuivre une ambition, ni un
profit, mus par ce seul dévoûment surnaturel que la charité
suscite et que Dieu couronne, se voueraient à l'éducation
chrétienne des fils du peuple ! Que dis-je, il l'a vue ! Et dès
qu'il l'a vue dans sa simple et sublime grandeur, il va à elle,
il l'épouse, elle lui appartient et il lui appartient. Et, en
homme résolu, pour donner confiance à ses compagnons

autant que pour s'interdire les défaillances, il coupe le pont derrière lui, comme on dit vulgairement. Il se démet de son canonicat et distribue sa fortune aux pauvres.

On peut dire que dès ce jour votre Institut était fondé, mes bien chers Frères. Quiconque, à l'appel de la Providence, se livre ainsi à elle corps et biens, marche désormais appuyé sur une force que rien ne brise, parce qu'elle vient de Dieu!

Je vous salue déjà, ô vaillant, parce que je vois le doigt de Dieu sur vous! La Providence veut incontestablement cette œuvre, je le montrerai tout à l'heure. Il lui fallait, pour l'établir, l'instrument humain, généreux, docile, pur de tout calcul, fou de confiance, et par là même héroïque. Vous le lui fournissez. Je salue en vous l'homme providentiel!

<h3 style="text-align:center">IV.</h3>

L'homme providentiel, oui certes! l'heure même à laquelle Dieu le suscite en est non moins que sa vocation un irrécusable témoignage. Cette intervention de Dieu dans la vie des nations n'est pas niable, et Bossuet l'a merveilleusement exposée. Pour la France en particulier elle est visible, tangible, à l'heure de toutes ses grandes crises. Dans la dernière moitié du xvii* siècle, toutes les forces vives du pays se concentrent dans les mains d'un homme qui, loin de les étouffer, les dilate et leur donne l'essor. Louis XIV incarne la splendeur de la monarchie absolue victorieuse de l'oligarchie seigneuriale. Mais, en fait, il se trouve placé sur les confins d'un monde qui finit, et presque au seuil d'un autre qui va commencer.

Trois grands agents intellectuels et politiques vont entrer en scène pour bouleverser ou rajeunir, comme on voudra, le vieux monde. C'est la science d'abord, déjà née, curieuse, avide, impatiente d'étendre ses découvertes. Ce sera bientôt la liberté individuelle et politique, légitime revendication mais capiteuse conquête ; ce sera enfin ce large courant de démocratie qui, après avoir mis un siècle à amasser ses eaux, débordera comme un torrent sur la vieille Europe, au risque de la submerger dans un cataclysme.

Et bien ! je dis : si vers la fin du xvii° siècle, à côté des pompes aussi grandioses qu'étourdies de la cour de Versailles, un homme se fût rencontré assez clairvoyant pour lire dans l'obscur avenir, assez intelligent pour en discerner les périls, assez dévoué au pays pour se préoccuper de le défendre contre les dangers futurs, assez puissant pour appliquer le remède nécessaire d'une main irrésistible ; si cet homme se fût rencontré, dis-je, qu'aurait-il dit, qu'aurait-il fait ? Il aurait dit : « Ce peuple marqué pour ces grandes « mais périlleuses destinées, il l'y faut préparer. Il faut l'ins- « truire d'abord: puis il faut plus que jamais le discipliner « par la foi. Il faut prendre les générations dès l'enfance, et, « à cet âge malléable où elles reçoivent les ineffaçables im- « pressions, mettre dans les âmes les vives lumières et les « fortes vertus qui permettent de soutenir toutes les fortu- « nes. Nous avons encore un siècle devant nous: à l'œu- « vre ! »

Eh bien ! ce qu'un homme ne pouvait ni prévoir ni accomplir, Dieu l'a prévu et accompli. Déjà par le Concile de Trente il a réformé son Eglise et frappé au cœur le protestantisme. Durant ce xvii° siècle, il a multiplié les saints et les multipliera encore au siècle suivant. Enfin et surtout il suscite pour les fils du peuple les congrégations enseignantes ; il suscite ce vaillant et modeste héros que nous célébrons et qui arrive à l'heure providentielle !

Allez, ô sublime et volontaire déclassé ! Les obstacles mêmes que vous rencontrerez et que vous vaincrez témoigneront avec plus d'éclat de l'action de la Providence par vous et sur vous! Vos premiers compagnons vous quitteront et même vous trahiront; il en arrivera de plus nombreux et de meilleurs! Les hommes vous mettront des entraves : vous les briserez! Des rivaux, des intéressés, des amis, hélas! tenteront de vous arrêter au nom de droits surannés; vous passerez au travers. On vous calomniera on vous suscitera des procès : vous ne vous défendrez pas, et vous triompherez. Vous connaitrez l'extrême dénûment, vous ne douterez pas du lendemain, et des ressources inespérées sortiront de terre ou tomberont du ciel. Et vous verrez de votre vivant votre œuvre florissante, sûre d'elle-même, animée d'une vitalité puissante, envahir Paris et la province, implantée à Reims, à Rouen, à Calais, à Troyes, à Chartres, à Dijon, à Grenoble, à Mende, à Alais, à Marseille. Vous la verrez même établie à Rome, au cœur de l'Eglise où se nourrira sa sève. Et un jour viendra où l'histoire étonnée mais ravie, admirant comme vous avez été *appelé, à une certaine heure du temps,* et comme vous avez *triomphé* de *tous les obstacles,* saluera en vous l'homme providentiel!

V.

Le voilà, le B. de La Salle, tel qu'il se présente à nous avec son œuvre! Et maintenant, dans le catalogue des morts illustres, à quel rang et sous quel titre allons-nous le placer? Est-ce un homme de génie? Non : un de ces grands semeurs d'idées qui éblouissent leur temps? Pas davantage. Le placerons-nous parmi les grands fondateurs? Oui assurément. Ce n'est pas à ce titre cependant que je m'arrête. Je laisse même son plus beau titre, celui de saint, que l'Eglise vient de reconnaitre, et je vous le présente sous un autre aspect : je vous le donne comme un bienfaiteur du peuple.

Titre banal, me dites-vous. Permettez! banal, si on re-

garde à la foule de ceux qui y prétendent, à la bonne heure !
mais non plus si on regarde à l'élite de ceux qui le méritent. Il a été écrit d'un des plus grands prophètes d'autrefois : *« Hic est fratrum amator et populi Israël (1) »* C'est un
ami de ses frères et du peuple d'Israël » Ces six mots valent
à mon avis, un long panégyrique.

Pour décerner à un homme ce titre de bienfaiteur du peuple je lui demande trois choses : désintéressement, sacrifice.
dévouement. Regardez-y de près : cette triple vertu ne
court pas les chemins.

Il y a plusieurs variétés de serviteurs du peuple. Quelques-
uns servent non pas ses intérêts mais ses passions. N'en par-
lons pas davantage. Ceux-là ne le servent pas, mais s'en
servent. Ceux que je ne condamne point par exemple, ce
sont ceux qui le servent honnêtement, en comptant sur sa
reconnaissance. On a de légitimes intérêts à poursuivre, on
a même de nobles ambitions à atteindre. Les fonctions publiques peuvent devenir ainsi la source d'une généreuse
émulation d'études, d'activité, d'intelligence, de travail, de
courage. La société profite de tous ces efforts dépensés en
concurrence et décerne les prix selon les mérites. Mais
enfin ceux-ci la servent pour en être servis. Ils n'en sont pas
les bienfaiteurs.

Voici un homme au contraire qui voit un grand service
social à rendre et qui se met à l'œuvre simplement. Il ne
demande rien en retour à personne, pas d'honneurs, pas
d'argent, rien. Le pain quotidien, le grossier vêtement qu'il
porte, cela même il ne le demande pas : il l'attend de la Providence et de la charité. Il ne va pas même dire à la société
« Je vais te rendre ce service » Non ! Il ne dit rien, mais il

____

(1) II Machab. XV. 14.

agit, sans bruit, avec activité, persévérance : il trouve des associés sublimes de son labeur obscur et désintéressé. De nouveaux arrivés remplacent ceux qui succombent, comme à la bataille. Eh bien ! si vraiment le service que rend au peuple cet homme est utile, plus que cela, magnifique, que dites-vous de cet homme-là ?

Et, si pour être en mesure de le rendre, il a tout sacrifié, le repos assuré de son existence ; plus que cela, sa fortune entière ; plus que cela, une position entourée d'honneurs ; plus que cela, son foyer et ses affections de famille ; s'il a tout jeté par dessus-bord, comme on dit, bouleversant et désorientant sa vie pour courir à ce labeur sans récompense, que dites-vous de cet homme-là ?

Et, si ce désintéressé qui s'est sacrifié lui-même à une cause publique, s'y montre prodigue de dévouement ; s'il y dépense toute son activité, toutes ses forces, tout son cœur ; sans rien ménager, ni son temps, ni sa santé, ni même, quand ils sont venus, ses vieux ans ; si pendant toute une vie humaine nul obstacle ne l'arrête, nulle lutte ne le terrasse, nul mécompte ne le décourage ; s'il meurt à l'œuvre, persévérant, vaillant, simple, modeste, héroïque jusqu'au bout à son poste de serviteur du peuple, que dites-vous de cet homme-là ?

Il y en a peut-être ailleurs qui répondraient : « Cet homme est une chimère ; cet homme n'a pas existé et n'existe pas ». Mais vous, vieux élèves des Frères comme moi, vous témoins chaque jour d'un dévouement prodigue où l'abbé de La Salle se perpétue dans ses fils, vous vous écriez et nous nous écrions : « Je connais cet homme ». Et nous sommes des millions de fils du peuple comme cela en France. Et quand un évènement, comme cette fête, concentre nos regards et notre attention sur cette héroïque figure du Fondateur des Frères, de nos poitrines sort ce cri puissant que rien ne peut comprimer, cette acclamation que rien ne peut couvrir et qui est un magnifique document pour l'histoire : « Celui-là est un bienfaiteur du peuple ! » « *Hic fratrum amator et populi Israël !* »

Eh oui ! bienfaiteur du peuple, et il mérite d'être placé comme tel au-dessus des Sully, des Richelieu, des Colbert, au-dessus de tous les grands ministres, de tous les grands inventeurs, des rois même les plus bienfaisants ; car ceux-ci ne se sont en rien sacrifiés d'abord, puis ont trouvé dans les honneurs du rang et l'opulence de la fortune le prix rémunérateur de leurs bienfaits. Mais lui, ce modeste héros.... Mais à quoi bon insister ? Ce serait plaider une cause gagnée.

VI.

Est-il possible cependant de passer devant le bienfait lui-même sans en admirer le prix fécond ? C'est l'éducation chrétienne de l'enfance. C'est la lumière intellectuelle et la foi, source des vertus surnaturelles, versées dès le premier âge dans l'âme des fils du peuple. Ah ! l'ouvrier, le travailleur, aime ses fils comme le riche. Pour lui aussi reposent en eux ses plus radieuses espérances. Le soir, même, quand la journée de travail est finie, quel charme pour vous, chers amis aux bras robustes. que de promener vos regards sur ces têtes éveillées, et de rêver les yeux ouverts aux destinées qui les attendent ! Ils seront forts comme vous. honnêtes comme vous, estimés comme vous, bons chrétiens comme vous, et votre vieillesse comblée se reposera à l'ombre de leur vaillante virilité. Mais, convenez-en, pour préparer cet avenir, vous pouvez dépenser moins de vigilance que de vœux et de conseils.

Or, il est un homme qui a regardé un jour d'un œil attendri cette immense foule des enfants des travailleurs et qui

s'est dit : « Ces enfants affronteraient bien mieux le combat
« de la vie s'ils y entraient avec les lumières que donne l'ins-
« truction et les énergies morales que développe l'éducation
« chrétienne. Leurs pères ont assez à faire que de leur
« gagner le pain du corps. Quel service à leur rendre que
« de leur fournir en abondance et gratuitement le pain de
« l'intelligence et de l'âme ! Mais que d'auxiliaires héroïques
« ne me faudrait-il pas trouver d'un bout à l'autre de ce
« pays de France ! Avec l'aide de Dieu pourtant j'y tâcherai ! »

Et il a osé tenter cette œuvre audacieuse que de chercher
à recruter, à discipliner des milliers de maîtres imbus de son
esprit, prêts à partager son abnégation et à le seconder dans
son œuvre de dévoûment. Et il y a réussi avec l'aide de
Dieu !

Et, à mesure que se grossissaient les rangs de son héroïque
phalange, arrivaient à lui de tous les horizons du pays des
appels pressants et multipliés C'étaient les villes avec leurs
magistrats et leur clergé qui lui écrivaient: « Venez ! ame-
« nez-nous des maîtres. Voici les ressources nécessaires ;
« venez fonder parmi nous l'école populaire chrétienne ! »

Et il répondait à tous ces appels, et en moins d'un demi-
siècle, il avait mis, sur tout le sol de France, à la portée des
travailleurs, ce magnifique instrument de progrès et de
civilisation qui est l'éducation chrétienne. Voilà le bienfait !

Et, remarquez-le bien, cette œuvre s'accomplissait en un
temps où l'Etat n'enseignait pas, où il ne soupçonnait encore
ni son rôle, ni ses devoirs en matière d'éducation. Là comme
ailleurs la charité chrétienne, l'apostolat chrétien ont eu
l'initiative. Ils ont été suivis plus tard, mais ce sont eux qui
sont partis en hardis pionniers. Il en est de cette invention
sublime comme de plusieurs grandes découvertes. L'Améri-
que une fois connue, toute l'Europe se précipita sur le
Nouveau-Monde avec un avide enthousiasme et rapporta de

ses mines l'or à pleins galions. Mais en définitive un seul homme eut l'honneur, sinon le profit de cette découverte, et c'est cet homme auquel ses compatriotes génois ont dressé, sur une des places publiques de leur cité (1), un monument superbe, avec cette inscription sur le socle, la plus belle et la plus grandiose dans son laconisme que je connaisse « *Christoforo Colombo, la patria*; à Christophe Colomb, la patrie ! ».

Et bien ! il est digne, notre modeste héros, d'un hommage semblable! Et le peuple de France n'aura rempli devant l'histoire tout ses devoirs envers un de ses plus insignes bienfaiteurs que quand, dans un sublime élan de reconnaissance nationale, qui s'élèvera du Midi et de l'Est, du Nord et de l'Ouest, comme la voix des services rendus, il aura coulé en bronze ou taillé dans le marbre la figure de ce grand serviteur du peuple, et l'aura placée sur un bloc de granit au centre de sa capitale, avec ce simple mot: « Au bienheureux de La Salle la patrie ! »

C'est lui qui nous a donné ces fortes générations populaires qui, au xviiiᵉ siècle, ont tenu contre le double courant de luxure et d'impiété que la littérature et la cour déchainèrent sur la France. C'est lui qui nous conserve en ce siècle ces sages tempéraments d'ouvriers chrétiens qui se détournent des utopies malsaines, n'entendent demander à aucune violence des réformes sociales brutales et irréfléchies, attendent du temps, des évènements et du progrès raisonné les transformations économiques imposées par les mœurs nouvelles et les instruments nouveaux, et se résignent aux malaises inévitables en pensant que toute souffrance acceptée contient un mérite, que la vie est courte, et que Dieu, c'est-à-dire la justice, est au bout !

---

(1) Piazza dell'Acqua Verde, à la sortie de la gare.

Il y avait un mot chez les Romains qui élevait à sa plus haute expression pour un homme l'éloge décerné par les contemporains et par l'histoire, c'était celui-ci : « *Bene de patria meritus !* » Eh bien ! je le prends ce mot-là, et, au nom de la justice populaire, je l'inscris au bas de ce portrait du Bienheureux de La Salle : « *Bene de patria meritus.* » Il a bien mérité de la France !

VII.

Son œuvre sera donc durable. Il l'a établie sur Dieu dont il fut l'instrument providentiel, et sur le peuple dont il fut le bienfaiteur. Qu'importent les vents qui soufflent ! ces fondements-là sont solides. « *Flaverunt venti et irruerunt in « domum illam, et non cedidit : fundata enim erat super « petram !* »

C'est l'honneur de la France devant l'histoire, mes Frères, que d'être dans le monde la terre classique des héroïsmes chevaleresques et des sublimes dévoûments. Ce que Dieu a accompli de grand depuis quinze siècles avec l'épée ou la parole, avec le cœur ou le bras de la France, est passé en proverbe, et l'on dit : « *Gesta Dei per Francos !* » Dans les temps modernes ont germé sur notre sol deux des plus admirables créations de la civilisation évangélique, je veux dire le Frère des Écoles chrétiennes et la Sœur de charité, car ils sont français et bien exclusivement français l'un et l'autre. Et bien ! voilà qui me rassure sur la vitalité chrétienne de la France.

Je lisais avant hier dans un beau discours prononcé cette semaine à l'Académie française (1), qu'en **1815**, après le désastre de Waterloo, de braves enfants d'un lycée de Paris se

---

(1) Discours de réception de M. J. Claretie.

prirent à pleurer d'humiliation et de douleur, et qu'un de leurs maîtres leur dit avec le sombre découragement de Kosciusko : « C'est la fin de la France (1) »

Et l'orateur proteste : « La France est immortelle, dit-il ; « elle peut garder son rang en accomplissant son labeur « quotidien ; l'histoire de tous les peuples est traversée de « ces alternatives tragiques de victoires et de revers..... « d'ailleurs cette fin de siècle aura vu des conquêtes fran- « çaises, non pas signées avec du sang, mais faites avec des « gloires sans taches. Non ! on ne saurait dire : « C'est la fin « de la France ! » lorsque l'étranger traduit nos volumes, « salue ou imite nos œuvres d'art, et lorsque le livre du « travail de la France porte les noms d'hommes qui ont, en « creusant la terre, fait avancer la civilisation et la vie, ou « en se penchant sur l'infiniment petit, accompli cette œuvre « infiniment grande, de faire reculer la mort ! »

Vive Dieu voilà de nobles sentiments. Et nous aussi nous croyons à la France ! Mais nous croyons à elle pour la vita- lité de sa foi non moins que de son génie. Non ! on ne sau- rait dire : « C'est la fin de la France ! » lorsque l'Evangile se répand au dehors surtout par nos missionnaires ; lorsque une immense poussée de civilisation française et chrétienne forces les barrières du désert africain ; lorsque, dans la lutte livrée jusque sur les plus lointaines plages à la barbarie païenne, je vois la France verser à elle seule plus d'or et plus de sang que toutes les nations chrétiennes ensemble ! La vitalité de la France chrétienne ! jugez en donc aux œuvres des Jean-Baptiste de La Salle et des Vincent de Paul ! Cet humble Frère qui passe, cette modeste sœur qui se cache,

----

(1) Exactement : « *Finis Poloniæ !* » en appliquant ce mot aux malheurs de la France.

ce n'est rien, pensez-vous? cela ne compte pas? Ils ont jailli
l'un et l'autre du cœur chrétien de la France; il sont formés
du plus pur de son sang. Aussi longtemps qu'elle portera en
elle de ces germes de héros, je croirai à elle !

O France, ô douce France, ô ma France bénie !
Non ! rien n'épuisera ta force et ton génie !
Terre du dévouement, de l'honneur, de la foi !
Non ! il ne faut jamais désespérer de toi ! (1)

(1) Henri de Bornier, *La Fille de Roland*.

Agen, Imprimerie Veuve Lamy.

9 782329 553566